Leonhard Thoma

Der Taubenfütterer

und andere Geschichten

Deutsch als Fremdsprache
Leseheft
Niveaustufe B1

Hueber Verlag

Worterklärungen und Aufgaben zum Text:
Kathrin Stockhausen, Valencia

Umschlagfoto: Pitopia/AiFoto, 2004

Fotos:
Seite 5 © MEV
Seite 17 © BlueBox GmbH/Philippe Body
Seite 27 © Austrian Views/Weinhäupl W.
Seite 37 © Pitopia/AiFoto, 2004

Zeichnungen:
Gisela Specht, Weßling

8. 7. 6. | Die letzten Ziffern
2024 23 22 21 20 | bezeichnen Zahl und Jahr des Druckes.
Alle Drucke dieser Auflage können, da unverändert, nebeneinander benutzt werden.
1. Auflage

Umschlaggestaltung: creative partners gmbh, München
DTP: Satz+Layout Fruth GmbH, München
Druck und Bindung: Friedrich Pustet GmbH & Co. KG, Regensburg
Printed in Germany
ISBN 978-3-19-201670-7

Art. 530_10894_001_06

Inhaltsverzeichnis

Das zweite Mal

1

Beim Verlassen des Krankenhauses schaute Carlo auf die Uhr. Kurz vor fünf. Er hatte nur noch wenig Zeit. Um halb sechs schloss das Ausländeramt und um sechs das Postamt und der kleine Copyshop, den er als Faxadresse angegeben hatte.

Mein Gott, warum machte alles so früh zu in Deutschland? Sicher, viele Geschäfte hatten jetzt bis acht offen, aber für ihn war auch das nicht sehr lange. In Bologna konnte man um zehn Uhr abends noch problemlos einkaufen.

Alles fand hier viel früher statt. Die Schulen begannen schon um acht, auch die Seminare an der Uni und viele der Studentenjobs. Die Mittagspause war dann oft schon um zwölf und das Abendessen um sechs, halb sieben, das war anfangs einfach unglaublich für ihn gewesen. Und abends ging man viel früher in die Kneipe und kam meistens auch viel früher wieder nach Hause. Aber gut, wie hieß das Sprichwort: „Andre Länder, andre Sitten“.

Heute ging es allerdings um etwas ganz anderes. Nicht um Abendessen oder Ausgehen. Heute ging es um einen Job: eine Praktikumsstelle in einem Krankenhaus.

Eigentlich war er nur nach Augsburg gekommen, um einen Sprachkurs an der Universität zu machen. Aber vor ein paar Tagen hatte er erfahren, dass man im Stadtkrankenhaus dringend einen „AiP“ brauchte, einen „Arzt im Praktikum“. Keine komplette Stelle, nur eine Vertretung für sechs Monate. Genau das Richtige für ihn!

Er hatte sein Medizinstudium in Bologna im Sommer beendet, aber dort noch keine Arbeit gefunden. Deshalb machte er jetzt diesen Sprachkurs, um die Zeit sinnvoll zu nützen.

Als „AiP“ bekam man nur wenig Geld, aber Berufserfahrung im Ausland konnte später sehr wichtig sein. Außerdem würde er sein Deutsch weiter verbessern. Und weil die Stelle sehr kurzfristig frei war, gab es vielleicht nicht so viele Bewerber und somit bessere Chancen für ihn.

2

Als er von der Ausschreibung gehört hatte, war er sofort zum Krankenhaus gefahren, um sich genau zu informieren. Die Sekretärin war ziemlich unfreundlich, aber er erfuhr das Wichtigste. Der Termin für die Vorstellungsgespräche war schon vier Tage später, am neunzehnten September nachmittags. Zuvor musste man aber die kompletten Bewerbungsunterlagen einreichen.

Seinen Lebenslauf hatte er schon dabei. Sogar auf Deutsch, das war einmal eine Aufgabe im Sprachkurs gewesen. Auch Passfotos hatte er noch schnell in einem Automaten gemacht. Er hatte eigentlich gedacht, dass das genügte. Zumindest für ein erstes Gespräch. In Italien war das so.

„Aber was denn noch?“, fragte er die Sekretärin.

„Nun, das Diplom von der Universität, und zwar ebenfalls in deutscher Übersetzung. Dann brauchen wir auch ein Gesundheitszeugnis und natürlich Ihre Aufenthaltsgenehmigung. Und bringen Sie sämtliche Nachweise über Ihre praktischen Erfahrungen, sonst werden Sie keine Chance bekommen.“

Er sagte, dass er die meisten Papiere nicht hier habe, weil er ja eigentlich nicht vorgehabt hatte, hier zu arbeiten. Die Sekretärin machte eine gleichgültige Geste.

„Sie haben noch bis zum achtzehnten September Zeit. Es genügt, wenn Sie die Dokumente am Tag vorher vorbeibringen. Lassen Sie sich die Sachen per Fax schicken, und wenn Sie von etwas nur eine Fotokopie haben, lassen Sie sie im Konsulat in München beglaubigen.“

3

In den letzten drei Tagen hatte Carlo alles versucht. Ewiges Warten in den Ämtern, lange Telefongespräche nach Bologna, die Zugfahrt nach München. Einige Sachen hatte er erledigen können, aber nicht alles. Vor allem das Diplom fehlte noch. Und morgen war schon der neunzehnte September.

Gerade war er noch einmal im Stadtkrankenhaus gewesen und hatte seine Mappe abgegeben. Er hatte gehofft, dass die Papiere vielleicht doch genügen würden. Aber nein, keine Chance.

„Und der Rest?", fragte die Sekretärin sofort.

Carlo zuckte mit den Schultern.

„Vorhin war noch kein Fax aus Bologna da. Aber vielleicht ist es ja inzwischen gekommen."

„Schauen Sie nach. Ich bin bis neunzehn Uhr hier. Ohne diese Nachweise werden Sie nicht einmal zu dem Gespräch zugelassen."

„Und wenn ich sie morgen Vormittag bringen würde?"

Sie schüttelte erbarmungslos den Kopf.

„Das ist zu spät. Ich muss die Mappen der Kandidaten heute Abend noch weiterreichen. Die Mitglieder der Kommission wollen sich die Unterlagen natürlich schon vorher anschauen. Sie haben schon so kaum Zeit. Morgen früh wird es eine Sitzung geben, und dann wird eine Liste für die Gespräche am Nachmittag ausgehängt. Alles muss sehr schnell gehen."

Carlo stand auf.

„Wer ist denn eigentlich zuständig für die Bewerbungen?"

„Die Leiterin der Kommission ist Frau Doktor Heinigen."

„Vielleicht könnte ich sie ja heute kurz sprechen, um ihr das Problem zu erklären?"

Wieder dieses energische Kopfschütteln.

„Nein, ich glaube nicht, dass die Frau Doktor dazu bereit wäre. Außerdem ...", sie sah auf die Uhr, „ ... ist sie gerade gar nicht im Haus. Sie ist im Dienst. Unterwegs."

4

Carlo überquerte die Straße vor dem Krankenhaus und blickte noch einmal auf die Uhr. Wenn die Papiere inzwischen da waren, konnte er es noch schaffen. Also auf das Postamt, dann zum Copyshop, dann noch einmal zur Polizei. Und wieder zurück ins Krankenhaus.

Andiamo! Er lief los, er rannte fast.

Das war nicht einfach. Es war schrecklich viel los auf den Straßen und Gehwegen. Zwischen fünf und sechs, *rush hour,* alles drängte auf die Straßen und in die Geschäfte. Schnell einkaufen und dann nach Hause. Carlo bog in eine ruhigere Nebenstraße, eine Abkürzung zum Postamt in der Fußgängerzone.

Es gab so viele Sachen, die er hier nicht verstand. Die Leute gingen hier so eilig, dachte er, aber an den roten Ampeln blieben sie dann doch ruckartig stehen, auch wenn gar kein Auto kam. Und wenn einer dann doch rüberging, wurde er schief angeschaut.

„Weil man dann ein schlechtes Vorbild für die Kinder gibt“, hatte ihm sein Deutschlehrer lächelnd erklärt. „Wie sollen die Kinder lernen, Regeln zu beachten, wenn sich nicht einmal die Erwachsenen daran halten?“

In Italien, hatte Carlo erwidert, lernten die Kinder weniger Regeln, dafür lernten sie, auf sich aufzupassen. Und das konnte wichtiger sein im Leben, vor allem, wenn sich die anderen nicht an die Regeln halten, wie zum Beispiel die Autofahrer in Italien.

5

In diesem Moment hörte man ein lautes Hupen, das Quietschen von Autoreifen und dann einen dumpfen Schlag. Carlo sah sich um: ein Auto quer auf der Kreuzung, auf dem Boden ein Fahrrad, daneben eine kleine, reglose Gestalt.

In einem Moment war Carlo zur Stelle.

Der Fahrer stieg aus, schlug entsetzt die Hände über dem Kopf zusammen.

„Einen Sanitätskasten, schnell!", rief Carlo und beugte sich über das Kind. Er hörte Stimmen hinter sich, das Piepsen eines Handys.

„Gut", dachte er, „dann wird schon ein Arzt verständigt."

Der Junge war bei Bewusstsein, aber unter Schock.

Carlo veranlasste das Nötigste. Er ließ sich eine Jacke geben und legte sie vorsichtig unter den Kopf des Jungen. Der Fahrer brachte den Kasten, Carlo fand ein paar Sachen, um die Wunden zu versorgen, am Kopf und an den Knien. Sie bluteten stark, aber sie schienen nicht tief zu sein.

Der Junge sah ihn die ganze Zeit über stumm und verständnislos an.

„Keine Angst, wird alles gut", flüsterte Carlo immer wieder und versuchte zu lächeln. Endlich, ganz langsam, ganz leicht nickte der Kleine mit dem Kopf. Na also, er reagiert. Carlo war erleichtert. Er bemerkte jetzt auch die fragenden Blicke der Leute um ihn herum.

„Ich glaube, es ist nicht so schlimm", sagte er leise, ohne jemanden anzusehen. Einige gingen weiter. Besser so, dachte Carlo.

Trotzdem musste der Kleine dringend ins Krankenhaus. Hier konnte man nichts mehr machen, die Instrumente fehlten. Er tastete den Körper ab, offenbar keine Brüche. Wie hieß dieser Ausdruck auf Deutsch? „Glück im Unglück." Hoffentlich war es so. Endlich hörte man eine Sirene, kurz darauf bog der Krankenwagen um die Ecke. Eine Ärztin sprang aus dem Auto, gefolgt von zwei Sanitätern. Sie kniete sich neben Carlo, er sagte ihr schnell das Wichtigste. Sie hörte aufmerksam zu, nickte immer wieder und sah dann kurz zu ihm herüber.

„Sie sind Arzt?", fragte sie.

„Ja", sagte er, „das heißt, ich habe Medizin studiert."

„Da hat der Kleine aber Glück gehabt", sagte sie und lächelte einen Moment. Sie fragte weiter, während sie ein paar Instrumente aus ihrem Koffer holte. Carlo antwortete, so gut er konnte, dann untersuchten sie noch einmal zusammen die Kopfwunde. Inzwischen hatten die Sanitäter den Transport vorbereitet. Vorsichtig hoben sie den Jungen in den Wagen. Die Ärztin stieg hinten ein und drehte sich noch einmal um.

„Woher kommen Sie?", fragte sie.

„Aus Italien. Aus Bologna."

„Aha." Sie lächelte, als ob sie noch etwas sagen wollte. In diesem Moment fuhr der Wagen an. Die Tür ging zu, ein stummer Gruß durch die Fensterscheibe, der Wagen verschwand um die Ecke.

Inzwischen war auch die Polizei da. Sie sprachen mit dem Fahrer, Carlo musste eine Weile warten. Schließlich war er an der Reihe, aber sie wollten vorerst nur seine Adresse. Dann konnte er weitergehen.

6

Er sah auf die Uhr. Zehn nach sechs. Das Ganze hatte über eine Stunde gedauert. Es hatte keinen Zweck mehr. Es war zu spät. Für die Post und auch für den Copyshop. Also keine Papiere mehr und kein Termin morgen. Aus und vorbei. Aus der Stelle würde nichts werden.

Na ja, dachte er und lächelte bitter, dafür hatte er seinen Job gemacht, hier auf der Straße.

Was sollte er jetzt tun? Theoretisch hatte er nachher Deutschunterricht. Aber nein, auf Deutsch, auf Konversation, auf „Und was hast du heute so gemacht?" hatte er jetzt absolut keine Lust.

Nach Hause gehen? Auch nicht. Zu Hause würde er jetzt nur nachdenken und sich über die deutsche Bürokratie ärgern. Er brauchte etwas, was ihn auf andere Gedanken brachte.

Kino, dachte er, der italienische Film im *Liliom*.

Das *Liliom* war das einzige Kino in Augsburg, in dem ab und zu Filme in der Originalversion liefen. Auch das hatte ihn anfangs hier gewundert. Fast alle Deutschen sprachen gut Englisch, viele auch Französisch, und er hatte auch eine Menge Leute getroffen, die Spanisch oder Italienisch konnten. Beides schien in den letzten Jahren hier richtig in Mode gekommen zu sein. Die Leute interessierten sich für Sprachen, aber im Kino kamen die Filme immer noch synchronisiert. Für ihn war es einfach unglaublich gewesen: Roberto Benigni mit einer deutschen Stimme. Natürlich musste es umgekehrt genauso seltsam sein, aber trotzdem: dieser Kontrast zwischen der deutschen Sprache und den italienischen Gesten. Absurd!

Für ihn selbst war das natürlich nicht schlecht. Er wollte Deutsch lernen, und ein Kinofilm war für ihn eine angenehme und zugleich nützliche Übung. Trotzdem freute er sich, wenn mal wieder ein italienischer Film in Originalfassung gezeigt wurde. Die vertraute Sprache hören, das war ein bisschen wie nach Hause kommen. Und er genoss es, wenn die Rollen einmal kurz vertauscht waren: Für zwei Stunden verstand er endlich alles, während die deutschen Zuschauer angestrengt auf die Untertitel glotzen mussten.

Er blickte noch einmal auf die Uhr. Die Vorabendvorstellungen begannen meistens gegen halb sieben. Er würde rechtzeitig kommen. Wenigstens zum Kino. Und morgen? Morgen würde er schon weitersehen.

7

Als Carlo am nächsten Morgen aufwachte, musste er sich einen Moment besinnen, bis ihm alles wieder einfiel: die Papiere, die Sekretärin, der Unfall, der Junge, die Ärztin. Hoffentlich ging es dem Jungen wieder gut, hoffentlich hatte es keine Komplikationen gegeben.

Aber was sollte er selbst jetzt machen? Es war noch früh, acht Uhr. Vielleicht sollte er doch noch einmal zum Krankenhaus fahren, schließlich hatte er nichts mehr zu verlieren. Oder einfach die Decke über den Kopf ziehen und weiterschlafen? Nein, sagte er laut zu sich und auf Deutsch. Er wollte wenigstens alles versuchen. Und seine Unterlagen musste er sowieso irgendwann abholen.

Im Bus auf dem Weg zum Krankenhaus dachte er an den Film. „La seconda volta", „Das zweite Mal", mit Nanni Moretti:

Ein Universitätsprofessor, der zufällig die Ex-Terroristin wiedersieht, die vor Jahren ein Attentat auf ihn verübt hat. Er folgt ihr und beobachtet sie, er möchte sie verstehen. Schließlich lernen sie sich kennen ...

Carlo hatte den Film sehr interessant gefunden. Vor allem die Grundidee hatte ihm gefallen: diese zweite Begegnung unter ganz anderen Bedingungen, Jahre später, an einem anderen Ort. Auch wenn so ein zufälliges Wiedersehen natürlich ein bisschen konstruiert wirken musste.

8

Als er das Büro betrat, sah die Sekretärin auf und machte sofort eine finstere Miene.

„Ich habe Ihnen doch gesagt, dass es heute für die Dokumente zu spät ist. Die Sachen sind schon seit gestern oben. Die Kommission bespricht sich gerade. In einer Stunde erscheint bereits die Liste für die Gespräche heute Nachmittag. Und da werden Sie leider nicht dabei sein."

„Schon gut", sagte Carlo, „ich weiß. Ich habe die Sachen auch gar nicht mehr bekommen. Trotzdem ... ", er zögerte und nahm seinen ganzen Mut zusammen, „ich wollte fragen, ob ich nicht vielleicht doch mit Frau Heinigen ... "

„Ausgeschlossen", unterbrach ihn die Sekretärin, „ich habe Ihnen doch gesagt, dass gerade die Sitzung der Kommission stattfindet. Frau Doktor Heinigen ist die Leiterin."

Carlo gab auf. Es hatte keinen Zweck. Raus hier und die Sache abhaken. Er wollte sich schon umdrehen, aber dann fielen ihm die Unterlagen ein. Die wollte er auf jeden Fall zurückhaben.

„Dann hätte ich gern meine Mappe wieder."

Die Sekretärin verdrehte unwillig die Augen.

„Die ist jetzt irgendwo oben, wahrscheinlich schon aussortiert. Wenn Sie vielleicht morgen oder übermorgen … "

Jetzt war es Carlo, der die Sekretärin unterbrach. Er hatte keine Lust, noch einmal hierher zu kommen. Basta!

„Es ist dringend", log er, „für eine andere Bewerbung. Verstehen Sie?"

Endlich stand sie auf.

„Warten Sie einen Moment."

Sie ging in das Nebenzimmer. Carlo hörte durch die offene Tür, wie sie eine Nummer wählte und nach Frau Heinigen fragte. Dann ein paar Sätze, er hörte seinen Namen, den Rest konnte er nicht verstehen. Plötzlich stand die Sekretärin wieder in der Tür, den Telefonhörer immer noch in der Hand.

„Herr Moreci, Frau Doktor Heinigen möchte mit Ihnen sprechen", sagte sie, ohne die Miene zu verziehen.

Carlo ging um den Schreibtisch herum und nahm den Telefonhörer.

9

„Herr Moreci?"

„Ja", sagte Carlo zögernd.

„Ich habe vorhin Ihre Unterlagen durchgesehen."

Die Stimme kam ihm irgendwie bekannt vor. Aber woher? Das konnte eigentlich nicht sein. Und er hatte jetzt auch keine Zeit, darüber nachzudenken.

„Sie sind nicht komplett, ich weiß", sagte er leise.

„Das habe ich bemerkt. Aber Ihr Curriculum ist ganz interessant. Wir haben Sie auf drei Uhr gesetzt."

„Was?", rief Carlo überrascht.

„Ist Ihnen drei Uhr nicht recht?“, fragte die Stimme freundlich.

„Doch, doch“, sagte Carlo schnell, „aber die fehlenden Papiere?“

„Die könnten Sie später bringen, falls es erforderlich wird.“

Sie schien sich über irgendetwas zu amüsieren.

„Ich habe ja schon gesehen, dass Sie Erfahrung haben.“

Carlo konnte es immer noch nicht glauben. Dann bekam er jetzt doch eine Chance!

„Also“, sagte die Stimme wieder ganz ernst, „ich muss hier weitermachen. Wir sehen uns um drei Uhr. Bis nachher.“

„Ja, bis nachher“, flüsterte Carlo immer noch erstaunt und wollte schon auflegen.

„Ach übrigens“, kam die Stimme noch einmal zurück, wieder in diesem geheimnisvoll vertrauten Ton, „Herr Moreci, bevor ich es nachher in dem Durcheinander vergesse: Dem Jungen geht es gut, dank Ihrer Hilfe. Also bis dann.“

Paris, Gare de l’Est

1

Ich stand auf dem Bahnhofsplatz und sah erleichtert zu, wie die Touristen langsam in den Bus stiegen. Endlich kam der Reiseleiter.

„Verzeihen Sie, dass ich so spät komme. Ich hoffe, die Gäste und Sie mussten nicht zu lange warten."

„Schon gut", beruhigte ich ihn. „Es sind alle da. Sie können starten."

Als ich die Teilnehmerliste unterschrieben hatte, gab er mir das Kuvert mit meinem Honorar.

„Also dann, bis zum nächsten Mal. Auf Wiedersehen."

Der Bus fuhr los, die Sache war erledigt. Endlich konnte ich dieses idiotische Schild mit der Aufschrift „City-Träume" in die Tasche stecken. Ich spürte diese angenehme Müdigkeit, das gute Gefühl nach getaner Arbeit.

Dieser Job war wirklich ein bisschen komisch. Früher hatten mir diese Leute immer leidgetan. Diese Typen, die auf allen Flughäfen der Welt so tapfer ihr Schild hochhielten, auf der Suche nach Madame X oder Mister Y. Und wie sie jeden Passagier freundlich ansehen mussten, weil ja fast jeder Madame X oder Mister Y sein konnte. Dazu meistens noch diese seltsamen Maskeraden, Hoteluniformen oder die Klamotten der Reiseagentur. Irgendwie lächerlich.

Und jetzt war ich selber so einer, in giftgrüner Jacke und einer peinlichen Schildmütze: der „City-Träume-Mann", der jede Woche bestgelaunt liebe Landsleute aus Flugzeugen oder Zügen sammelt, um sie in den Bus zum Hotel zu stecken, wo sie dann das „Romantische Traumwochenende Paris" verbringen würden.

Gut, ich machte das nur einmal pro Woche, und die Bezahlung war auch nicht schlecht. Eine Rolle, ein kleines Spielchen am Freitagabend, das war alles. Außerdem hatte ich meistens ein sehr dankbares Publikum. Wie sich die Leute freuten, dass da jemand im Großstadtdschungel auf sie wartete, um sie in Sicherheit zu bringen!

Ein leichter Job also, und anschließend konnte ich dann in aller Ruhe durch die Straßen von Paris spazieren.

Ich wollte schon loslaufen, Richtung Boulevard, da fiel mir meine Freundin Nicole ein. Sie wohnte hier ganz in der Nähe. Vielleicht war sie zu Hause und hatte Lust auszugehen. Mit meinem „City-Traum"-Geld konnte ich sie auch zum Essen einladen, ins Café „Veron" oben in Montmartre oder ins „Cartier" hinter dem Centre Pompidou. Also ging ich noch einmal ins Bahnhofsgebäude zurück, zu den Telefonen neben dem Kartenschalter.

2

Aber Nicole war leider nicht zu Hause. Schade! Ich hinterließ eine kurze Nachricht auf dem Anrufbeantworter, legte auf und zog meine Telefonkarte aus dem Apparat.

Dann eben alleine, dachte ich mir, leicht enttäuscht.

„Sie sprechen Deutsch", hörte ich in diesem Moment eine Stimme. Ein harmloser Satz eigentlich, aber in dieser Gegend kann das auch eine klassische Touristenfalle sein. Vorsichtig drehte ich mich um.

Ich muss zugeben, ich war überrascht. Vor mir stand ein Typ in einem ziemlich schicken Anzug.

„Entschuldigen Sie", sagte er und deutete auf die offenen Telefonkabinen, „könnten Sie mir vielleicht erklären, wie diese Dinger funktionieren."

Ich sah das Kleingeld in seiner Hand und schüttelte den Kopf.

„Mit Münzen geht das nicht", antwortete ich, „hier in Frankreich brauchen Sie eine Telefonkarte."

Er ballte die Hand zu einer Faust, öffnete sie wieder.

„Und wo bekomme ich so eine Karte?"

„Nicht im Bahnhof“, sagte ich, „Sie müssen in ein Tabakgeschäft.“

Er sah mich erstaunt an.

„Ich weiß“, fügte ich hinzu, „für uns Ausländer ist das ein bisschen ungewohnt.“

„Und wo finde ich so einen Laden?“, fragte er weiter.

„Na ja, so genau weiß ich das auch nicht.“

Ich überlegte einen Augenblick.

„Aber warten Sie mal, nehmen Sie doch einfach meine.“

Er sah mich wieder an, noch erstaunter, fast ungläubig.

„Das würden Sie machen?“, fragte er.

Ich nickte und hielt ihm die Karte hin. Er streckte schon die Hand aus, zögerte dann.

„Es ist aber ein Ferngespräch, nach Deutschland.“

„Egal“, sagte ich, „wenn es nicht zu lange dauert.“

„Nein, bestimmt nicht“, sagte er und nahm die Karte, „und es ist wirklich ein Notfall, sonst würde ich nicht ...“

„Schon gut“, meinte ich. Ich wollte auch die Münzen nicht, die er mir zustecken wollte, und ging ein wenig zur Seite.

„Bleiben Sie doch hier“, sagte er, während er schon wählte. Offenbar traute er den Telefonapparaten immer noch nicht. Ich machte trotzdem ein paar Schritte. Allerdings sprach er dann so laut, dass ich auch so noch jedes Wort verstand.

3

Tatsächlich war es ein Notfall. Ein so großer Notfall, dass er eine gewisse Paula meine halbe Telefonkarte lang beruhigen musste. Immerhin hatte ich so genügend Zeit, ihn mir anzusehen. Auf den ersten Blick Geschäftsmann, auf den zweiten dann doch eher Boheme: die Haare zum Zopf, Drei-Tage-Bart, ein paar Hemdknöpfe offen, staubige Stiefel. Irgendwas zwischen betont lässig und kultiviert nachlässig.

Die Geschichte ist schnell erzählt: Er war ein paar Tage in London gewesen, wo ein gewisses Musikprojekt sehr gut geklappt hatte. Die Jungs waren in Form gewesen, das Studio fantastisch, die Aufnahmen großartig. Nach der Abschlussparty hatte er dann plötzlich diese verrückte Idee gehabt: nicht mit dem Team zurückzufliegen, sondern ohne Gepäck frühmorgens den Eurostar nach Paris zu nehmen.

Natürlich war das strapaziös, aber auch ein langer Traum von ihm: die Fahrt mit dem Tunnelzug unter dem Meer, kombiniert mit einem freien Nachmittag in Paris. Mal ganz allein, ohne die Jungs. Und abends dann zurück nach Köln.

Zuerst hatte auch alles geklappt. Inklusive Montmartre, Eiffelturm und Mona Lisa. Dann der Schock am Gare de l'Est. Er kam aus der Metro, fuhr die Rolltreppe hoch, und plötzlich waren die Brieftasche und das Handy weg. Der alte Trick mit der Rolltreppe. Einer von der Bande bleibt oben stehen und blockiert, alle stolpern, und ein anderer greift zu.

Ja, bei der Polizei war er schon gewesen, aber da gab es eine lange Schlange. Er würde später noch einmal hingehen. Er lachte bitter. Er habe ja jetzt die ganze Nacht Zeit. Paula solle jetzt vor allem die Konten sperren. Und natürlich Geld schicken. Er wisse schon wie und wohin, damit es morgen da sei.

Nein, er habe fast nichts mehr. Nur die Münzen aus der Hosentasche.

Schlafen? Hier, im Bahnhof, auf einer Bank. Er lachte noch einmal.

„Stell dir vor, gestern noch im Hilton und heute bei der Bahnhofsmission."

Immerhin, dachte ich, der Typ hat Humor.

„Ich muss Schluss machen", sagte er irgendwann, „ein Landsmann" – er blickte einen Moment zu mir herüber – „war so freundlich, mir seine Telefonkarte zu leihen. Mach dir keine Sorgen, Paula. Ich nehme den Zug morgen Nachmittag, sobald hier alles geregelt ist. Abends bin ich garantiert zurück."

4

Als er mir die Karte zurückgab, entschuldigte er sich für die Länge des Gesprächs.

„Ist schon in Ordnung, blöde Geschichte, tut mir leid", sagte ich. Was sollte ich sonst sagen?

Er zuckte mit den Schultern.

„Na ja, es gibt Schlimmeres."

Irgendwie fand ich sympathisch, wie er mit der Sache umging.

„Und jetzt müssen Sie die Nacht über hierbleiben."

„Da bleibt mir wohl nichts anderes übrig. Paris bei Nacht. Ist doch romantisch", grinste er und wandte sich schon ab. „Na ja, vielen Dank jedenfalls. Machen Sie's gut."

Ich konnte ihn jetzt nicht so stehen lassen.

„Kann ich Sie auf ein Bier einladen?"

Er drehte sich um. Wieder dieser erstaunte Blick.

„Oh", sagte er, „das wäre jetzt allerdings nett. Sie sind ja ein richtiger Schutzengel."

5

Wir gingen in ein Café in der Nähe, das mir Nicole mal gezeigt hatte. Aus dem einen Bier wurden drei oder vier, und aus dem Notfall ein durchaus amüsanter Abend.

Klaus, so hieß mein neuer Bekannter, war ein großer Erzähler. Früher selbst Musiker, arbeitete er jetzt als Produzent und Manager von jüngeren Bands. Sehr erfolgreich natürlich. Er nannte einige Namen. Die meisten sagten mir nichts, aber bei deutscher Popmusik kann ich sowieso schon lange nicht mehr mitreden. Ansonsten erzählte er wirklich gute Anekdoten aus der Szene, vor allem seine Begegnungen mit Stars.

Er war zweifellos auch ein Angeber, aber seine Geschichten waren absolut witzig und skurril. Eine Swimmingpoolnacht mit Tina Turner, ein wüstes Besäufnis mit Udo Lindenberg, New York, Buenos Aires, Istanbul. Der Mann war wirklich herumgekommen. Dabei war mir klar, dass ich diese intimen Einblicke in diese VIP-Welt allein seiner Notsituation zu verdanken hatte.

Schon komisch, dachte ich, gestern noch hätte mich dieser Typ keines Blickes gewürdigt, und jetzt saß er da und war froh, dass ihm jemand zuhörte und sein Bier bezahlte. So schnell kann das gehen.

Aber immerhin, diese Selbstironie in seinen Geschichten war sympathisch. Außerdem war er wirklich dankbar.

Ich bot ihm sogar an, bei mir zu übernachten. Allerdings wohnte ich ein ganzes Stück außerhalb. Er lehnte dankend ab. Er wollte im Zentrum bleiben, später noch zur Polizei gehen und den Rest morgen so früh wie möglich erledigen.

Schließlich musste ich gehen. Der Zug nach Versailles. Er nickte verständnisvoll. Ich solle mir um ihn wirklich keine Sorgen machen.

Ich gab ihm noch ein paar Euro. Viel war von meinem Abholgeld nicht übrig geblieben. Für ein Hotelzimmer würde es nicht reichen, aber für zwei, drei Kaffees in der Nacht und ein Frühstück morgen.

Er nahm das Geld an, wollte es mir aber unbedingt schon am nächsten Tag zurückgeben.

Er könne es auch schicken, sagte ich. Meine Adresse hatte er schon. Aber er schüttelte energisch den Kopf. Er wolle sich sofort revanchieren, richtig revanchieren.

Ich war einverstanden. Ich hatte vormittags sowieso wieder in der Stadt zu tun. Also verabredeten wir uns für zwölf Uhr an unserem Bahnhofstelefon. Im Laufschritt erreichte ich gerade noch die letzte Metro.

6

Am nächsten Tag, nach einigen Erledigungen im Zentrum, fuhr ich wieder zum Gare de l'Est. Ich kam ein bisschen zu früh an, also rief ich noch einmal bei Nicole an. Aber sie war auch diesmal nicht zu Hause. Ich hinterließ wieder eine kurze Nachricht und wollte noch einen Anruf machen, aber plötzlich spuckte der Automat meine Karte aus. Sie war leer.

Ich wartete eine knappe halbe Stunde, aber niemand kam. Ich wunderte mich nicht, der Mann hatte schließlich viel zu tun heute. Vielleicht wartete der Arme noch in irgendeiner Schlange, bei der Polizei, in einer Bank oder auf dem deutschen Konsulat.

Oder er hatte die Dinge tatsächlich schnell erledigen können und war schon mit einem früheren Zug gefahren. Ich sah auf den Fahrplan. Ja, vor einer Stunde hatte es einen Zug nach Köln gegeben. Und der nächste fuhr erst in drei Stunden. Verständlich, wenn er nicht so lange warten wollte. Diese Lösung kam mir nun am wahrscheinlichsten vor. Es hatte wohl keinen Sinn, hier noch länger herumzustehen.

Ich fuhr nach Hause und erwartete eigentlich eine Erklärung. Aber auf dem Anrufbeantworter war nichts. Nur Nicole. Sie habe meine Nachricht gestern noch gehört und auf einen zweiten Anruf gehofft. Schade, sie hätte Lust und Zeit gehabt.

Auch in den nächsten Tagen hörte ich nichts von ihm. Ich gebe zu, ich war ein wenig enttäuscht. Nicht wegen des Geldes, es ging um die Geste.

Aber irgendwie, dachte ich schließlich, was war denn anderes zu erwarten? Der Typ war wieder in seiner Welt, zurückverwandelt in den souveränen Produzenten: Handy am Ohr, Visa in der Tasche, die Dinge im Griff. Die Pariser Nacht am Bahnhof war nur eine weitere Anekdote in seiner Sammlung.

Was soll es also?, sagte ich mir. Der Abend war spannend gewesen. Das genügte doch. Ich beschloss, die Sache abzuhaken, wenn ich auch insgeheim immer noch auf eine Überraschung hoffte.

7

Ein paar Wochen später stand ich wieder einmal am Bahnhof. Ich hatte gerade das Schild in meine Tasche gesteckt und lief – immer noch in meiner grellgrünen Jacke – auf die Telefone zu, um wieder einmal bei Nicole anzurufen.

Alle Telefone waren besetzt, also blieb ich in einigem Abstand stehen und wollte inzwischen meine Maskerade in die Tasche stopfen.

In diesem Moment hörte ich eine Stimme.

„Sie sprechen Deutsch."

Ich sah auf. Da stand er wieder, mein unbekannter Bekannter, vor einer Frau, die gerade auflegte. Wieder sein Lächeln, wieder die Münzen in der Hand. Ein paar Sekunden stand ich da, unfähig, mich zu bewegen.

Dann zog ich mir die Schildmütze tief ins Gesicht und ging langsam nach draußen. Hoffentlich war Nicole heute zu Hause.

Das rote Auto

1

Das rote Auto. Er steht am offenen Fenster und atmet tief durch. Die frische Bergluft tut gut. Er genießt den weiten Blick über Wald und Wiesen bis ins Tal. Ganz unten kann man die Straße sehen.

Das rote Auto kommt aus der Kurve und wird schneller. Bis zur Kreuzung sind es noch zwei- bis dreihundert Meter.

Normalerweise hört er den Verkehr nicht; die Entfernung ist zu groß. Er sieht nur bunte Spielzeugautos, die geräuschlos das Tal durchqueren. Nur ab und zu biegt eines ab, in die Ausfahrt zu diesem Städtchen hier oben. Eine schmale Straße führt den Hügel hinauf, in langen Kurven über die Felder und durch den Wald. Knapp zehn Minuten dauert die Fahrt vom Tal bis hierher. Er weiß das, er ist die Strecke oft genug gefahren.

Das Städtchen ist eigentlich immer noch ein Bauerndorf. Es gibt nur ein Hotel und drei, vier Pensionen. Der Ort ist sein geheimer Fluchtpunkt. Immer wenn er von der hektischen Großstadt genug hat, kommt er hierher. Eine gute Stunde mit dem Auto, und schon ist man in einer anderen Welt. Das fasziniert ihn immer wieder.

Das rote Auto kann er hören. Seltsam! Das Motorengeräusch, ein leises Summen. Es ist allein auf der Straße. Ganz allein, auch kein Gegenverkehr. Ungewöhnlich um diese Zeit. Er wartet auf das Blinkzeichen, aber es kommt nicht. Die Ausfahrt ist schon ganz nah. Zu nah.

Also eigentlich nichts Besonderes. Nur ein rotes Auto, das vorüberfährt. Plötzlich bremst es und geht in die Kurve, ohne zu blinken. Ein riskantes Manöver, aber nichts passiert. Ein rotes Auto, das abbiegt.

Er lehnt sich vor und kneift die Augen zusammen. Der rote Fleck bekommt langsam Formen. Tatsächlich: Es ist ein VW Käfer, ganz sicher.

Laura. Er versucht sich zu erinnern, sich ganz genau zu erinnern.

2

Es war keine feste Verabredung. Nur ein Vorschlag. Für sie sah es vielleicht aus wie ein Scherz oder eine höfliche Floskel von ihm zum Abschied, um irgendetwas zu sagen.

„Lassen Sie sich ruhig Zeit", hatte er zuerst gesagt, „und schicken Sie mir die Arbeit dann einfach in den Semesterferien."

Laura hatte schon erleichtert genickt. Dann hatte er im letzten Moment diesen Einfall gehabt.

„Sie können mir die Arbeit natürlich auch selbst vorbeibringen."

Er wartete einen Moment, selbst überrascht von diesem Angebot. Normalerweise gab er seine Ferienadresse niemandem, vor allem nicht seinen Studenten. In seiner kleinen Bergidylle wollte er zwar lesen, aber bestimmt nicht die Literaturarbeiten seines Seminars.

„Ich hätte Zeit", fügte er hinzu, „und vielleicht gibt es ja noch was zu besprechen."

Vielleicht war die Einladung ein bisschen zu forsch. Eine plumpe Annäherung. Der junge Dozent und seine Lieblingsstudentin. Fast aufdringlich.

„Ich meine ..., wenn Sie noch Fragen haben oder so."

Sie sah ihn an, erstaunt, aber nicht befremdet.

„Das ist wirklich nett von Ihnen", sagte sie, „wahrscheinlich habe ich wirklich welche. Vielleicht sogar eine ganze Menge."

Sie lächelte.

„Ehrlich gesagt, ich hatte so viel zu tun in den letzten Wochen und noch kaum Zeit, mich richtig mit dem Thema zu beschäftigen, obwohl es mich wirklich interessiert. Sehr sogar.

‚Biografie: Ein Spiel.' Das Theaterstück von Max Frisch"

Sie wollte die Arbeit jetzt auf jeden Fall schreiben. Vor Wien. Sie brauchte den Schein. Für Wien.

Wien. Sie hatte ihm von dem Stipendium schon während des Semesters erzählt, weil sie eine Bescheinigung von ihm brauchte. Ein Jahr in Wien, das war eine tolle Chance für sie.

Wien, das war der Punkt.

Die meisten Studenten würde er wohl im nächsten Semester wiedersehen, aber ausgerechnet sie wäre weg. Vielleicht für immer.

3

Das Auto, schwer zu erkennen zwischen den Bäumen, verschwindet in einer Kurve. Er öffnet die Balkontür, tritt hinaus und sieht hinunter auf die Hauptstraße, die sich vor dem Hotel zu einem kleinen Platz erweitert. Er sieht auf die Uhr: In drei, vier Minuten müsste das Auto hier sein.

Zu spät. Immer wieder hatte er in seinem Leben dieses Gefühl gehabt: zu spät. Man studiert, man arbeitet, man bemüht sich und hat dabei nicht den Eindruck, etwas zu versäumen. Aber plötzlich gehen einem die Augen auf, und man hat doch etwas verpasst. Zu spät!

4

Er hatte sich sehr auf die neue Stelle an dieser Uni konzentriert, er wollte nichts falsch machen als junger Dozent, kaum älter als einige seiner Studenten. Nur keine Anfängerfehler!

Er war froh, dass seine Vorlesung gut besucht war und dass sein Seminar offenbar gut ankam. Die meisten Studenten waren motiviert und arbeiteten eifrig mit. Er freute sich über jede Frage im Kurs, jedes interessierte Gesicht, jedes Lächeln.

Mit der Zeit hatte er sich die Gesichter und die Namen dazu gemerkt, und allmählich hatte er auch einige seiner Studentinnen und Studenten kennengelernt. Vor allem natürlich die Leute, die auch in seine Sprechstunde kamen.

Laura kam nie in sein Büro, aber sie meldete sich oft im Seminar. Ihre überraschenden Fragen, ihre intelligenten Kommentare beeindruckten ihn. Dabei fragte er sich manchmal, ob ihr das Seminar überhaupt gefiel. Das war schwer zu sagen. Ihr Blick war meistens kritisch, und sie schrieb offenbar kaum mit. Aber sie hatte die Texte immer gelesen, sie war bestens vorbereitet. Sie hatte wirklich Ahnung von Literatur. Das gefiel ihm.

Eines Tages wartete sie nach dem Seminar vor der Aula. Sie wollte wegen des Stipendiums mit ihm sprechen.

Sie brauche von einem ihrer Profs einen Brief, eine Art Empfehlung, sagte sie. Ob er das übernehmen könne? Es hätte keine Eile; bis zum Ende des Semesters würde genügen.

Er war natürlich einverstanden. Sie bedankte sich und ging schon weiter, drehte sich dann aber noch einmal um.

„Übrigens, das war gut heute, richtig gut."

Ein kurzes Lächeln, und weg war sie.

Seltsames Kompliment, dachte er. Heute? Nur heute?

Kurz darauf fehlte sie, eine Woche lang. Er merkte, dass er ihren Blick vermisste. Ihre Fragen, ihre Einwürfe. Er befürchtete schon, dass sie abgebrochen hatte; sein Seminar war keine Pflichtveranstaltung. Den Schein bekam sie auch woanders, den Brief wohl auch. Aber eines schönen Morgens saß sie wieder da. Er spürte die Erleichterung.

Dann, schon gegen Ende des Semesters, Theaterbesuch mit seinen Studenten. Die „Antigone" von Sophokles, in einer modernen Version. Danach eine Kneipe. Laura saß ihm schräg gegenüber. Entspannte Atmosphäre, sie sprachen über die Aufführung. Danach fingen die Studenten an, ihn auszufragen, nach seinen Vorlieben, Literatur, Kino, Musik. Nicht akademisch, sondern privat.

Moderne Romane?

„Max Frisch“, antwortete er spontan.

„Homo Faber?“, fragte jemand.

„Nein, nicht unbedingt“, meinte er.

„Montauk“, hörte er jemanden sagen. Das war keine Frage, sondern eine Feststellung.

„Stimmt“, antwortete er überrascht.

Hatte Laura das gesagt?

Er hätte ihr jetzt gern Fragen gestellt, aber er kam nicht dazu. Das Gespräch ging weiter, die Studenten ließen nicht locker und wollten noch vieles wissen. Der Dozent privat bei einem Glas Wein, das war schließlich eine gute Gelegenheit. Es wurde noch ein ziemlich langer und lustiger Abend. Nach der Kneipe zogen sie in eine Bar und schließlich sogar noch in eine Diskothek. Das hatte er auch schon lange nicht mehr gemacht. Er wollte schon nach Hause, aber er ließ sich überreden. Auf ein letztes Glas, dachte er.

Die Musik war überraschend gut, südamerikanisch, richtige Tanzmusik. Er lehnte an der Bar, sah den Tanzenden zu, und war ganz glücklich so.

Plötzlich stand Laura neben ihm.

„So, jetzt sind Sie dran“, sagte sie verschmitzt, nahm seine Hand und zog ihn auf die Tanzfläche.

War sie überrascht, dass er das auch ganz gut konnte? Merengue, Salsa? Vielleicht ein bisschen.

Sie tanzten, fast wie eingespielt, ganz leicht folgte sie seinen eher improvisierten Impulsen, zu immer gewagteren Figuren.

„Hey“, lächelte sie irgendwann, „das macht richtig Spaß!“

Ihr seltenes Lächeln, und plötzlich ganz nah. Hautnah.

Später wechselten die Partner eine Zeit lang, am Ende tanzte er wieder mit ihr, bis die Musik schließlich abbrach. Von der Gruppe waren nur noch wenige übrig. Aber alle waren bester Laune. Sie bestellten sogar noch eine Flasche

Sekt, als krönenden Abschluss. An diesem Abend sah er den VW Käfer zum ersten Mal. Sie fuhr ihn nach Hause. Ihn und zwei ihrer Kommilitonen.

Es würde schwer werden, dachte er, wieder zum Ernst des Seminars zurückzukehren.

Aber am folgenden Montag war alles wieder normal. Alltag. Es ging auf das Semester-Ende zu. Prüfungen, Abgabe der Arbeiten.

Laura war wieder ganz zurückhaltend. Ihr kritischer Blick.

War es gut so? Oder wäre ihm ein Zeichen lieber gewesen?

Sie gab kein Zeichen, aber sie kam in seine Sprechstunde. In seinem Büro saßen noch zwei Kollegen. Er schlug vor, in die Cafeteria zu gehen.

Das Papier für Wien und ihr Problem mit dem Abgabetermin. Sein Einverständnis, dass sie ihre Arbeit nachschicken konnte. Dann sein Angebot, sie ihm in den Ferien vorbeizubringen. Nein, der Vorschlag war nicht unseriös.

Irgendwann setzte sich ein Kollege zu ihnen an den Tisch. Ihre Unterhaltung sah wohl nicht nach einer offiziellen Sprechstunde aus. Sie plauderten noch ein wenig zu dritt. Dann kam der Abschied, draußen auf der Treppe vor der Cafeteria. Er hätte sie gern bis ans Auto begleitet. Aber das kam ihm irgendwie unpassend vor, der Kollege stand noch dabei.

Er sah sie noch über den Parkplatz laufen. Wieder der rote Käfer. Sie drehte sich noch einmal um. Ein kurzer Wink, dann stieg sie ein und fuhr langsam davon.

Im Büro fiel ihm ein, dass sie keine Telefonnummer hatte. Aber er hatte den Namen des Hotels ein paar Mal erwähnt.

5

Der Platz vor dem Hotel liegt in der Mittagshitze. Kaum Verkehr, nur ein paar Fußgänger mit Einkaufstüten. Er sieht nach links, die Hauptstraße entlang. Ganz hinten, wo die Felder beginnen, kann man das Ortsschild erkennen. Von dort kommen die Autos aus dem Tal.

Er hört wieder das Summen eines Motors, das Fahrzeug ist noch nicht zu sehen.

6

Hatte er einen Plan?

Eigentlich nicht vorstellbar, sie plötzlich hier zu sehen. Ihr Blick in dieser Umgebung. Der Anfang musste nicht schwer sein. Es ging schließlich um ihre Arbeit. Die war der gute Grund für das Treffen. Sie würden zu tun haben und sich an ihre Fragen halten, sich daran festhalten.

Besprechung in der Hotelhalle, an der Bar oder an einem der Sofatische. Oder im Hotelzimmer, auf dem Balkon. Oder war das schon zu intim? Danach konnte er sie zum Essen einladen. Nicht hier, sondern im Gasthof drüben, im Biergarten. Genau! Oder sollten sie gleich dorthin gehen und die Besprechung dort abhalten? Nach dem Essen, bei einem Kaffee?

Danach ein Spaziergang, wenn sie noch Zeit hatte. Die kleine Wanderung zur Quelle im Wald. Der Höhenweg mit den herrlichen Aussichten …

Weiter hatte er nicht gedacht. Nicht gewagt, zu denken.

7

Er blickt weiter nach links, die Häuserzeile entlang. Das Summen wird stärker. Plötzlich taucht der rote Käfer auf. Tatsächlich.

Er dreht sich kurz um und sieht in sein Zimmer hinein. Das schmale Bett, der kleine Tisch, der offene Koffer. Bücher auf dem Nachttisch. Die Bücher, die er hier lesen will. „Montauk“, nach vielen Jahren wieder.

Dann schaut er wieder auf die Straße hinunter. Das rote Auto hat den Platz erreicht, ist jetzt genau unter ihm. Er wartet auf den Blinker, auf die Bremsung. Aber es rollt weiter, scheppernd über das Kopfsteinpflaster, mit unverminderter Geschwindigkeit.

Wie lange ist das jetzt her, denkt er, und blickt dem Auto hinterher. Elf Jahre, zwölf Jahre?

Ein roter Fleck in der Ferne, verschluckt von einer Kurve.

Der Taubenfütterer

…
Braungebrannt und vollgesogen
von der Fülle dieser Welt
fühl ich weiter mich gezogen
bis mein Pfad ins Dunkle fällt.

Hermann Hesse, „Gang am Abend“

1

Es sind Brüder. Es müssen Brüder sein. Das war mir von Anfang an klar, seit ich hier im Sommer vor zwei Jahren eingezogen bin. Sie sehen sich zu ähnlich. Beide sind so um die siebzig. Sie wohnen zusammen, im selben Stockwerk wie ich, genau die Tür gegenüber.

Mit „ähnlich“ meine ich die Gesichter, ansonsten sind sie sehr verschieden.

Der eine heißt Josef und ist ein freundlicher Herr, zurückhaltend und höflich. Ärmlich, aber immer ordentlich gekleidet.

Ich begegne ihm oft im Treppenhaus. Wenn ich aus meiner Wohnung komme, steht er manchmal in seiner Tür. Hinter ihm sieht man einen langen, dunklen Korridor. Links und rechts stehen Regale, vollgestopft mit Büchern, darüber eine Unzahl von Bildern an den hohen Wänden.

Wir grüßen uns und wechseln meistens ein paar Sätze. Das Wetter, der kaputte Aufzug, Treppenhausunterhaltungen.

Er ist ein bisschen seltsam. Denn manchmal, schon im Weggehen, fügt er unseren nachbarlichen Phrasen etwas hinzu. Überraschendes, Verblüffendes.

„Ja, ja, da haben Sie ganz recht, fahren Sie nur an den See“, sagte er gleich am Anfang – es war Mitte Juni –, grinste und deutete mit der Hand irgendwohin, „die anderen liegen längst tot auf dem Friedhof, lange schon, aber wir, wir können noch rausgehen, in die Natur, an die Sonne. Laufen, schwimmen. Herrlich!“

Das war sein Satz, einen ganzen Sommer lang. Egal, ob ich die Badesachen unterm Arm hatte oder eine Einkaufstasche. In diesen Momenten zweifelte ich natürlich ab und zu, ob er nicht ein bisschen spinnt.

Aber dann erklärte er mir wieder ganz fachmännisch, wie man einen Boiler an die Wand montiert oder wie ich die neue Waschmaschine installieren muss. Manchmal erwähnte er auch die neuesten Nachrichten aus der Zeitung. Sogar über die Wahlen in Italien wusste er genau Bescheid. Er war auf dem Laufenden. Was für dumme Verdächtigungen, dachte ich mir bald.

2

Josef ist wirklich für die größten Überraschungen gut. Einmal blieb er vor mir auf der Treppe stehen, breitete die Arme aus und zitierte plötzlich ein komplettes Gedicht.

Ich applaudierte und wollte natürlich wissen, von wem das sei.

„Aha, das kennt der Herr Student also nicht", grinste er zufrieden. Ich hatte ihm wohl schon erzählt, dass ich Germanistik studiere.

„Macht nichts", fuhr er fort, „ist auch nicht so bekannt. Aber der Dichter, der ist weltberühmt. Das ist nämlich von Hermann Hesse."

„Ach so", sagte ich, „das ist ja gut zu wissen."

Von Hesse hatte ich natürlich schon eine Menge gelesen, aber eher die Romane und Erzählungen.

„Wenn Sie wollen, leihe ich Ihnen die Gedichte. Ich habe eine wunderschöne alte Ausgabe. Die allererste Gesamtausgabe."

„Gerne" , sagte ich, „und wie mich das interessiert!"

„Schön, ich bringe sie Ihnen mal vorbei", sagte er und schon stieg er die Treppe runter, dabei immer noch Verse rezitierend. Ich lauschte noch ein paar Sekunden und musste lächeln. Das war wirklich ein kurzer großer Auftritt gewesen.

Ich dachte schon, dass er die Sache vergessen hätte, aber drei Tage später klopfte er an meine Tür, zum ersten Mal überhaupt.

Ich wollte die Gelegenheit nutzen und ihn zu einem Kaffee einladen, aber er lehnte sehr entschieden ab und wollte nicht einmal kurz hereinkommen. Auf dem Flur übergab er mir die zwei prachtvollen alten Lederbände, dazu ein neueres Taschenbuch mit einer Hesse-Biografie.

Es würde aber ein bisschen dauern, sagte ich, ich sei momentan mit einer Seminararbeit beschäftigt.

Macht nichts, meinte er freundlich, ich solle mir nur Zeit lassen, bis Mai könne ich die Bücher gern behalten.

Es war Januar. Wie er auf Mai kam, weiß ich bis heute nicht. Aber ich merkte mir das Datum natürlich. Und als ich sie dann Mitte Mai zurückgab, schien er schon darauf gewartet zu haben.

3

Das ist der eine Bruder. Den anderen habe ich auf der Treppe fast nie getroffen. Ein paar Mal ist er an mir vorbeigehuscht, eilig, grußlos, immer mit gesenktem Kopf. Ich begegne ihm kaum, aber ich höre ihn oft, und manchmal sehe ich ihn auch, frühmorgens von meinem Schlafzimmerfenster aus, das zum Hinterhof hinausgeht.

Das heißt, ich höre eigentlich nicht ihn, sondern die Tauben. Zuerst sind es nur einzelne. Fast bewegungslos sitzen sie auf den Wäscheleinen, träge gurrend.

Wenn ich dann in die Küche gehe, Kaffee mache und zurückkomme, da sind es schon mehr, viel mehr. Jetzt sind sie auch auf dem Boden, auf den Mülltonnen und auf den Fensterbrettern. Wie in Hitchcocks Film „Die Vögel“.

Kurz darauf die Schritte meines Nachbarn auf der Treppe. Langsam kommt Leben in die Tiere, die nun anfangen, mit den Flügeln zu schlagen. Dann das Quietschen des alten Schlosses, die Tür geht auf. Da steht er, meist noch in Schlafanzug und Morgenmantel, und plötzlich diese unglaubliche Szene: Der ganze Hof füllt sich mit einem gespenstischen Flattern und Rauschen. Ein grauer Strom von Tauben, der auf den Mann zufliegt wie eine Meereswelle, die sich schäumend am Felsen bricht.

Währenddessen schüttet er in aller Ruhe seine Tüten aus, überall Brotreste. Das Taubenmeer fließt hin und her. Einige Vögel bleiben sogar auf seinen Armen und Schultern sitzen und picken ihm aus der Hand.

Die Szene dauert einige Minuten, bis sich die Vogelmenge langsam auflöst und in alle Himmelsrichtungen auseinanderfliegt. Irgendwann stopft sich mein Nachbar dann die Plastiktüten in die Manteltaschen und verschwindet wieder. Jeden Morgen das gleiche Ritual, fast immer um die gleiche Zeit.

Taubenfüttern ist eigentlich längst verboten. Die Dinger sind eine echte Plage in der ganzen Stadt geworden. Und wirklich schade um den Hinterhof: Er könnte eigentlich ein stilles grünes Paradies in diesem lauten Stadtzentrum sein, aber so ist er nichts als ein schmutziger Fleck zwischen den Häusern.

Aber andererseits wohnt mein Nachbar schon so lange hier, und irgendwie ist es sein gutes Recht, finde ich. Außerdem scheint diese Fütterung für ihn ganz wichtig zu sein, fast lebenswichtig.

Manchmal sehe ich ihn auch auf der Straße hinter dem Supermarkt, offenbar auf der Suche nach Taubenfutter. Dabei murmelt er meistens etwas vor sich hin, als ob er mit sich selbst spräche. Ein bisschen seltsam und natürlich auch traurig, aber solche Gestalten sind leider nichts Besonderes in dieser Stadt.

Dafür, dass er wirklich verrückt ist, gibt es andere Anzeichen.

Vor ein paar Wochen kam er mittags mit einem Korb in den Hinterhof.

Ein beruhigender Anblick, dachte ich, er will Wäsche aufhängen wie die anderen Leute auch. Gut so, dazu ist der Hof ja eigentlich auch da.

Dann aber packte er mindestens zehn altmodische Jacketts aus und klammerte sie auf ganz eigenartige Weise an die Leine, irgendwie schräg mit ausgestreckten Ärmeln. Dabei fiel mir auf, dass die meisten Stücke offenbar gar nicht nass waren.

Vielleicht will er sie nur mal lüften, dachte ich. Hoffte ich. Eine Armee von Vogelscheuchen; er würde sie abends wieder abnehmen müssen, sonst würde morgens keine einzige Taube kommen.

Er tauchte aber nicht mehr auf, erst im Morgengrauen wieder, und die Tauben gurrten und flatterten genauso wie sonst.

Die Jacketts blieben hängen, nicht nur diese eine Nacht, sondern über eine Woche lang. Flatternd im Wind, regenfeucht, einige schon zu Boden gefallen, nahmen die Jacken den Hinterhof in Besitz. Tags ein öder, nachts ein gespenstischer Anblick.

4

Irgendwann fand ich, dass es Zeit war, Josef Bescheid zu sagen. Vorsichtig. Er hatte es sicherlich nicht leicht mit diesem Bruder. Vielleicht konnte ich ihm irgendwie helfen. Und vielleicht, so hoffte ich, war auf diese Weise etwas über die beiden zu erfahren. Ich muss zugeben, ich war auch ein bisschen neugierig.

Bei unserer nächsten Begegnung im Treppenhaus erwähnte ich also die Jacketts.

„Sie stören mich nicht", sagte ich, „überhaupt nicht, aber ... "

Josef verstand offensichtlich sofort. Er nickte gleich mit dem Kopf, ich musste nicht weitersprechen. Er würde die Sache sofort erledigen, flüsterte er. Und ein paar Stunden später waren die Jacketts verschwunden.

Von seinem Bruder sagte er nichts. Ich verstand das, diese Dinge waren ihm wahrscheinlich peinlich. Möglicherweise ging das schon viele Jahre so, diese Verantwortung für seinen Bruder. Trotzdem wollte ich mehr wissen. Wie gesagt, ich hätte ihm auch gerne irgendwie geholfen.

Aber er sprach auch weiterhin nicht von ihm. Vielleicht hatte er sich an diese Situation gewöhnt, vielleicht verdrängte er sie auch.

Als ich einmal die Tauben erwähnte, sah er mich erstaunt an und meinte, dass es hier ums Haus doch kaum mehr welche gebe. Mit seinem Schweigen schützte er nicht nur seinen Bruder, sondern vor allem auch sich selbst.

5

Ich habe nichts mehr gesagt, ich bin auch nicht sicher, wo meine gute Absicht aufhört und die pure Neugierde beginnt. Josef schweigt, und das habe ich zu respektieren.

Es ist etwas anderes, an was ich mich jetzt gewöhnen muss. Ich weiß heute nicht mehr, wann genau mein Verdacht begann. Wahrscheinlich neulich, als ich mal wieder mit den Nachbarn von oben gesprochen hatte, dem jungen Paar, das genau über mir wohnt. Wir redeten über Hausangelegenheiten, und beiläufig erwähnte ich die beiden Brüder, die das junge Paar ja auch kennen musste. Aber die zwei sahen mich nur irritiert an und sprachen dann von etwas anderem.

Komisch, dachte ich, sie mussten den Bruder doch auch schon oft gesehen haben, im Morgengrauen im Hinterhof. Aber gut, vielleicht schliefen sie da immer noch.

Na ja, vielleicht habe ich mir da schon etwas gedacht. Vor kurzem jedenfalls begegnete ich Josef wieder mal im Treppenhaus. Frühmorgens. Es war Wochenende, und ich wollte mit Freunden in die Berge fahren.

Ich traf ihn vor seiner Tür. Er schien überrascht, sah auf meinen Rucksack und sagte dann wieder seinen Spruch, den ich schon lange nicht mehr gehört hatte: „Recht so, die anderen liegen schon längst auf dem Friedhof, aber wir können noch rausgehen, an die Sonne, ins Licht."

Er grinste und hob die Hand zum Gruß. Ich grüßte zurück und wollte schon fröhlich weitergehen, da bemerkte ich sie: die Plastiktüten in seiner Hand, die Taubenfedern an seinem Morgenmantel.

Worterklärungen

Das zweite Mal

Kapitel 1

S. 6	**„Andre Länder, andre Sitten"**	jedes Land hat seine Gewohnheiten
	die Vertretung, -en	eine Person, die für eine begrenzte Zeit die Stelle von jemandem übernimmt
S. 7	**der Bewerber, -**	eine Person, die sich für einen Arbeitsplatz bewirbt

Kapitel 2

S. 7	**die Ausschreibung, -en**	öffentliche Bekanntmachung oder Veröffentlichung
	die Bewerbungsunterlagen	Dokumente, die man für eine Bewerbung braucht (Lebenslauf/Curriculum, Zeugnisse, Bewerbungsschreiben etc.)
	einreichen	übergeben; vorlegen
	sämtliche	alle
	der Nachweis, -e	der Beweis, dass etwas vorhanden ist
	gleichgültig	uninteressiert
	die Geste, -n	Bewegung, die etwas ausdrücken soll
	beglaubigen	offiziell bestätigen

Kapitel 3

S. 8	**die Mappe, -n**	zwei zusammenhängende Deckel zum Aufbewahren verschiedener Dokumente
	mit den Schultern zucken	die Schultern auf und ab bewegen und damit ausdrücken, dass man etwas nicht weiß

	zulassen	akzeptieren
	erbarmungslos	ohne Mitleid; hartherzig; grausam
	aushängen	öffentlich aufhängen
	zuständig sein	berechtigt und verpflichtet sein

Kapitel 4

S. 9	**rennen – rannte – gerannt**	sehr schnell laufen
	viel los sein *(umgangssprachlich)*	viele Menschen sind unterwegs
	der Gehweg, -e	der Bürgersteig; rechts und links von der Straße, wo die Fußgänger gehen
	ruckartig	plötzlich
	jemanden schief anschauen	jemanden feindlich ansehen
	das Vorbild, -er	ein Beispiel, das man imitieren sollte
	sich an etwas halten	etwas respektieren

Kapitel 5

S. 9	**das Quietschen** *(Sg.)*	ein hoher, unangenehmer Ton
	der Autoreifen, -	das Rad eines Autos
	dumpf	tief und undeutlich
	der Schlag, ¨-e	*hier:* plötzliches, lautes Geräusch
	reglos	ohne Bewegung
	die Gestalt, -en	Person
S. 10	**entsetzt**	in Angst und Schrecken
	das Piepsen *(Sg.)*	hoher Ton
	jemanden verständigen	jemanden informieren
	bei Bewusstsein sein	wach und geistig klar sein
	etwas veranlassen	dafür sorgen, dass etwas passiert; Anordnungen geben
	die Wunde, -n versorgen	verletzte, blutige Stelle säubern, desinfizieren und verbinden
	den Körper abtasten	den Körper mit den Fingern untersuchen
S. 11	**heben – hob – gehoben**	in die Höhe bewegen
	vorerst	im Moment; bis zu einem späteren Zeitpunkt

Kapitel 6

S. 11	**keinen Zweck haben**	sinnlos sein
	aus und vorbei *(umgangssprachlich)*	nichts mehr zu machen; Ende
S. 12	**wundern**	überraschen; erstaunen
	scheinen – schien – geschienen	so aussehen wie
	die Originalfassung, -en	*hier:* ein Film in der Originalsprache
	vertraut	bekannt
	genießen – genoss – genossen	Freude haben an; sehr gerne machen
	vertauschen	auswechseln
	glotzen	angestrengt gucken
	blicken	schauen; gucken
	rechtzeitig	pünktlich

Kapitel 7

S. 12	**sich besinnen**	nachdenken; überlegen
S. 13	**ein Attentat verüben**	einen Mordversuch machen

Kapitel 8

S. 13	**das Büro betreten – betrat – betreten**	ins Büro hineingehen
	eine finstere Miene	ein unfreundliches Gesicht
	zögern	sich nicht entschließen können; abwarten
	der Mut *(Sg.)*	Fähigkeit, etwas Risikoreiches zu tun
	aufgeben	sich geschlagen geben; kapitulieren
	etwas abhaken *(umgangssprachlich)*	etwas vergessen
S. 14	**unwillig**	sehr ungern
	aussortiert	aus einer Menge herausgesucht und entfernt
	lügen – log – gelogen	nicht die Wahrheit sagen
	ohne die Miene zu verziehen	ohne eine Bewegung im Gesicht

Kapitel 9

S. 15	**erforderlich**	notwendig
	das Durcheinander *(Sg.)*	Chaos; Unordnung

Paris, Gare de l'Est

Kapitel 1

S. 18	**erleichtert**	von etwas befreit sein
	das Kuvert, -s	der Briefumschlag
	nach getaner Arbeit	nachdem die Arbeit gemacht ist
	tapfer	mutig; ohne Angst
	die Klamotten *(umgangssprachlich)*	Kleidung
	die Schildmütze, -n	Kopfbedeckung mit Schutzschild über den Augen
	bestgelaunt	mit sehr guter Laune
S. 19	**der Großstadt-dschungel,**	das Durcheinander einer großen Stadt

Kapitel 2

S. 19	**die Touristenfalle, -n**	*hier:* klassische Situation, um Touristen zu betrügen
	deuten	zeigen
	die Hand zur Faust ballen	die Finger eng zusammendrücken
S. 20	**ungläubig**	wenn man etwas nicht glauben kann
	zögern	sich nicht entschließen können; abwarten
	das Ferngespräch, ¨-e	Telefonat nach/von außerhalb der Stadt / des Landes

Kapitel 3

S. 20	**lässig**	cool; ruhig
	nachlässig	unordentlich

S. 21	**strapaziös**	anstrengend
	stolpern	fast über etwas fallen
	der Landsmann, -leute	jemand mit derselben Nationalität

Kapitel 4

S. 22	**mit den Schultern zucken**	die Schultern auf und ab bewegen und ausdrücken, dass man etwas nicht weiß

Kapitel 5

S. 22	**der Angeber, -**	jemand, der sich wichtig macht
	skurril	seltsam; komisch; witzig
	wüst	*hier:* wild
	das Besäufnis, -se	extremer Alkoholgenuss
S. 23	**VIP (very important person)**	berühmte und wichtige Person
	jemanden keines Blickes würdigen	jemanden komplett ignorieren
	sich revanchieren	auf eine Tat / eine Freundlichkeit mit einer Tat / einer Freundlichkeit reagieren
	der Laufschritt *(Sg.)*	sehr schneller Gang

Kapitel 6

S. 23	**die Erledigung, -en**	Besorgung; wenn man etwas fertig macht
S. 24	**knapp**	nicht ganz
	die Geste, -n	*hier:* Höflichkeitsformel; Zeichen der Dankbarkeit
	im Griff	unter Kontrolle
	eine Sache abhaken	etwas vergessen; nicht mehr an etwas denken
	insgeheim	im Innersten; heimlich

Kapitel 7

S. 25	**grellgrün**	leuchtend grün

Das rote Auto

Kapitel 1

S. 28	**geräuschlos**	ohne Ton; lautlos
	der Hügel, -	kleiner Berg
	hektisch	sehr aktiv und schnell
	das Summen, *(Sg.)*	dauerhafter Ton
	das Blinkzeichen, -	Lichtsignal am Auto, zeigt Rechts- und Linksabbiegen an
	vorüberfahren	vorbeifahren; nicht anhalten
S. 29	**sich vorlehnen**	sich nach vorn beugen
	die Augen zusammenkneifen	die Augen fast ganz schließen

Kapitel 2

S. 29	**der Scherz, -e**	der Witz; etwas, was nicht ernst gemeint ist
	die Floskel, -n	leere Rede, meist aus Höflichkeit
	der Einfall, ¨-e	die Idee
	forsch	risikoreich; direkt
	plump	unelegant
	aufdringlich	lästig; wenn man jemandem zu nahe kommt
	befremdet	unangenehm erstaunt
S. 30	**der Schein, -e**	*hier:* Bescheinigung des Dozenten, dass ein Student / eine Studentin an seinem Seminar teilgenommen hat
	das Stipendium, die Stipendien	eine Geldhilfe für Studenten
	die Bescheinigung, -en	eine offizielle Bestätigung

Kapitel 4

S. 30	**gut ankommen** *(umgangssprachlich)*	akzeptiert werden; positive Resonanz bekommen
	eifrig	mit Energie und Lust
S. 31	**jemanden beeindrucken**	Wirkung auf jemanden haben
	genügen	genug sein; ausreichen
	das Kompliment, -e	etwas Höfliches, Nettes

	der Einwurf, ¨-e	*hier:* in ein laufendes Gespräch gemachte Bemerkung
	befürchten	Angst haben
	spüren	fühlen
	die Erleichterung *(Sg.)*	das Gefühl, wenn ein schweres Gewicht von einem genommen wird
	die Kneipe, -n	eine gemütliche Bar, wo man vor allem etwas trinkt
S. 32	**die Vorliebe, -n**	besonderes Interesse für etwas
	nicht lockerlassen	insistieren; nicht aufhören mit etwas
	verschmitzt	lustig und ein bisschen frech
	eingespielt	funktioniert sehr gut zusammen
	eher	mehr; vielmehr
	gewagt	mutig
	abbrechen	aufhören
S. 33	**der krönende Abschluss**	ein besonders schönes Ende
	der Kommilitone, -n	der Mitstudent an derselben Universität
	zurückhaltend	nicht kommunikativ; reserviert
	das Einverständnis, -se	die Zustimmung
	plaudern	über nicht so wichtige Dinge reden

Kapitel 6

S. 34	**zu tun haben**	Arbeit haben, die man erledigen muss
	die Quelle, -n	der Ort, wo ein Bach oder ein Fluss aus der Erde kommt
	der Höhenweg, -e	ein Weg, der oben auf dem Berg verläuft

Kapitel 7

S. 34	**die Häuserzeile, -n**	eine Reihe von Häusern
S. 35	**scheppernd**	mit lautem Geräusch
	das Kopfsteinpflaster, -	Straßenbelag aus vielen Steinen
	unvermindert	mit derselben Geschwindigkeit; ohne zu bremsen

Der Taubenfütterer

S. 38	**braungebrannt**	von der Sonne braun geworden
	vollsaugen – sog voll – vollgesogen	etwas voll und ganz in sich aufnehmen
	der Pfad, -e	Weg

Kapitel 1

S. 38	**um die siebzig**	zirka 70 Jahre alt
	ansonsten	sonst; andernfalls
	zurückhaltend	reserviert; nicht zu kommunikativ
	der Korridor, -e	Flur
	vollgestopft *(umgangssprachlich)*	sehr voll
	die Unzahl *(Sg.)*	so viel, dass man es nicht mehr zählen kann
	hinzufügen	ergänzend sagen
	verblüffen	erstaunen
	grinsen	breit lächeln
	deuten	zeigen
	der Friedhof, ¨-e	Ort, wo die Toten ihre letzte Ruhe finden
S. 39	**spinnen**	verrückt sein
	fachmännisch	wie ein Experte
	der Boiler, -	Warmwasserspeicher
	auf dem Laufenden sein	informiert sein
	die Verdächtigung, -en	Beschuldigung; Vermutung einer Schuld

Kapitel 2

S. 39	**die Arme ausbreiten**	die Arme links und rechts von sich strecken
	wohl	scheinbar
	eher	mehr; lieber
	allererste	(verstärkend) erste
	lauschen	hören
S. 40	**prachtvoll**	herrlich; wunderschön

Kapitel 3

S. 40 **vorbeihuschen** — schnell und unauffällig vorbeigehen

die Taube, -n — Vogel (Friedens-symbol)

die Wäscheleine, -n — dort hängt man die nasse Wäsche zum Trocknen auf

träge — faul

gurren — typischer Ruf der Tauben

S. 41 **der Flügel, -** — Körperteil, mit dem Vögel fliegen

das Quietschen *(Sg.)* — hoher, unangenehmer Ton

gespenstisch — unheimlich; wie ein Geist

das Flattern *(Sg.)* — Geräusch von Flügeln in Aktion

das Rauschen — Geräusch wie von Baumblättern im Wind

schäumend — mit Schaum (das Weiße, wenn eine Welle bricht)

währenddessen — in der Zwischenzeit

picken — wenn Vögel mit dem Schnabel essen

stopfen — bis an den Rand füllen

echt — wirklich

die Plage, -n — Belästigung; Störung; Qual

die Gestalt, -en — Person; Figur

S. 42 **das Anzeichen, -** — das Indiz; die Ankündigung

der Korb, -̈e — *hier:* Behälter zum Tragen der Wäsche

klammern — mit Wäscheklammern die Wäsche aufhängen

schräg — nicht gerade; schief

	offenbar	anscheinend; so sieht es aus
	lüften	frische Luft hineinlassen
	die Vogelscheuche, -n	Holzkreuz mit alten Kleidern; steht auf Feldern oder in Gärten und soll verhindern, dass Vögel kommen

	das Morgengrauen *(Sg.)*	das erste Licht am Morgen
	öde	leer; verlassen

Kapitel 4

S. 43	**verdrängen**	etwas nicht sehen/wissen wollen

Kapitel 5

S. 43	**die Absicht, -en**	Intention, Entschluss, etwas zu tun
	beiläufig	nebenbei (gesagt)
S. 44	**die Feder, -n**	Vögel sind damit bedeckt
	der Morgenmantel, ¨-	bequemer Hausmantel besonders für den Morgen zu Hause, bevor man sich anzieht

Übungen

Das zweite Mal

Kapitel 1–3

A Lesen Sie die Fragen und kreuzen Sie die richtige Antwort an.

a) Was bedeutet AiP?
- ▢ Ausländer in Problemsituation
- ▢ Arzt im Praktikum
- ▢ Abend im Pool

b) Warum ist Carlo in Augsburg?
- ▢ Er studiert Medizin.
- ▢ Er macht einen Deutschkurs an der Uni.
- ▢ Er besucht Freunde.

c) Wie kommt der Italiener Carlo mit den deutschen Öffnungszeiten klar?
- ▢ nach und nach
- ▢ gar nicht
- ▢ von Anfang an problemlos

d) Wann sind die Vorstellungsgespräche im Krankenhaus?
- ▢ am 9. September
- ▢ am 11. September
- ▢ am 19. September

e) Einen Tag vor dem Gespräch fehlt Carlo noch ein sehr wichtiges Dokument. Welches?
- ▢ das Gesundheitszeugnis
- ▢ das Diplom
- ▢ die Aufenthaltsgenehmigung

f) Wie verhält sich die Sekretärin im Krankenhaus?
- ▢ kooperativ
- ▢ nachdenklich
- ▢ unfreundlich

B Kennen Sie die Bedeutung der folgenden Wörter? Kreuzen Sie bitte an.

a) der Lebenslauf
- das Erlebnis
- die Sportveranstaltung
- das Curriculum

b) ebenfalls
- kurz vorher
- auch
- vielleicht

c) gleichgültig
- uninteressiert
- bald
- gemein

d) erbarmungslos
- ohne Angst
- ohne Kontrolle
- ohne Mitleid

Kapitel 4–6

C Was ist richtig? Kreuzen Sie bitte an.

- a) Carlo muss sich beeilen, denn die Post und der Copyshop schließen bald.
- b) Auf den Straßen ist nicht viel los.
- c) In der Nähe passiert ein Unfall.
- d) Carlo leistet sofort Erste Hilfe.
- e) Der Junge ist schwer verletzt.
- f) Endlich kommt der Krankenwagen mit einer Ärztin.
- g) Inzwischen haben alle Ämter und Geschäfte geschlossen.
- h) Carlo geht zum Deutschkurs.

D Was bedeuten die folgenden Verben? Kreuzen Sie bitte an.

a) sich an etwas halten
- ☐ etwas respektieren
- ☐ etwas ignorieren
- ☐ etwas tolerieren

b) jemanden verständigen
- ☐ jemanden bitten zu gehen
- ☐ jemanden stehen lassen
- ☐ jemanden informieren

c) etwas veranlassen
- ☐ Informationen bekommen
- ☐ Anordnungen geben
- ☐ Fragen stellen

d) keinen Zweck haben
- ☐ sinnlos sein
- ☐ kopflos sein
- ☐ verständnislos sein

e) etwas genießen
- ☐ eine Erkältung haben
- ☐ an etwas viel Freude haben
- ☐ gesund werden

E Wie heißen die Infinitivformen der folgenden Verben?

a) lief ....
b) rannte ....
c) verstand ....
d) stieg aus ....
e) schlug ....
f) bog ....
g) sprang ....
h) hob ....
i) fuhr ....
j) genoss ....

F Richtig oder falsch? Markieren sie: R = richtig, F = falsch

- a) Am nächsten Morgen steht Carlo um acht Uhr auf.
- b) Der Film, den er am Vorabend gesehen hatte, hieß „Das erste Mal“.
- c) Die Sekretärin im Krankenhaus freut sich, Carlo zu sehen.
- d) Carlo macht einen letzten Versuch, doch noch mit der Leiterin der Kommission zu sprechen.
- e) Dann verlangt er seine Bewerbungsunterlagen zurück.
- f) Frustriert verlässt er das Krankenhaus.

G Welche Bedeutung ist richtig? Kreuzen Sie bitte an.

a) sich besinnen
- ein Lied für sich selbst singen
- überlegen
- den Kopf verlieren

b) finster
- dunkel
- froh
- frech

c) zögern
- handeln
- lügen
- abwarten

d) erforderlich
- überflüssig
- notwendig
- eigenhändig

e) das Durcheinander
- das Chaos
- der Durchgang
- der Durchfall

Paris, Gare de l'Est

Kapitel 1 und 2

A Wie heißen die Infinitivformen der folgenden Verben?

a) stand ....
b) sah ....
c) unterschrieb ....
d) hielt hoch ....
e) fiel ein ....
f) ging ....
g) hinterließ ....
h) zog ....
i) sprach ....

B Lesen Sie die Fragen und kreuzen Sie die richtige Antwort an.

a) Was für einen Job hat der Erzähler in der Geschichte?
- ☐ Er zeigt Touristen Paris.
- ☐ Er ist Busfahrer.
- ☐ Er holt Touristen am Flughafen ab und bringt sie zum Hotel-Bus.

b) Welche Farbe hat die Jacke des „City-Träume-Mannes"?
- ☐ knallrot
- ☐ giftgrün
- ☐ himmelblau

c) Was für eine Idee hat der Erzähler nach getaner Arbeit?
- ☐ Er will mit einer Freundin ausgehen.
- ☐ Er will ins Kino.
- ☐ Er will nach Hause.

d) Was passiert an den Telefonkabinen?
- ☐ Sie sind kaputt.
- ☐ Ein Mann spricht ihn auf Deutsch an.
- ☐ Er bittet einen Mann um Kleingeld.

C Richtig oder falsch? Markieren Sie: R = richtig, F = falsch

- a) Der Mann ruft die Polizei an.
- b) Er war einige Tage in London gewesen.
- c) Er wollte unbedingt mit dem Tunnelzug von London nach Paris fahren.
- d) Auf dem Eiffelturm haben Diebe ihm Brieftasche und Handy gestohlen.
- e) Er bittet Paula, vor allem die Konten zu sperren.
- f) Er will trotzdem im Hilton übernachten.
- g) Der Erzähler lädt ihn auf ein Bier ein.
- h) Klaus erzählt langweilige Geschichten.
- i) Am Ende gibt der Erzähler Klaus Geld für ein Hotelzimmer.
- j) Sie verabreden sich für den nächsten Tag um 12 Uhr am Bahnhofstelefon.

D Was bedeuten folgende Wörter? Bitte kreuzen Sie an.

a) lässig
- ungezwungen
- unpünktlich
- unordentlich

b) strapaziös
- aufmerksam
- anstrengend
- einfach

c) skurril
- komisch
- dunkel
- präzise

d) jemanden keines Blickes würdigen
- jemanden von oben bis unten anschauen
- jemanden bewundern
- jemanden ignorieren

E Setzen Sie bitte die fehlenden Präpositionen ein.

a) ________ Bahnhof fahren
b) ________ Nicole anrufen
c) ________ einer Schlange warten
d) ________ Hause fahren
e) das Handy ________ Ohr haben
f) Visa ________ der Tasche haben
g) die Dinge ________ Griff haben
h) ________ Hause sein

F Was bedeuten die folgenden Ausdrücke? Kreuzen Sie bitte an.

a) etwas im Griff haben
- ☐ etwas fallen lassen
- ☐ etwas begreifen
- ☐ etwas unter Kontrolle haben

b) eine Sache abhaken
- ☐ nicht mehr an etwas denken
- ☐ etwas nicht vergessen können
- ☐ etwas immer wieder tun

G Lesen Sie die Fragen und kreuzen Sie bitte die richtige Antwort an.

a) Was passiert mit der Telefonkarte des Erzählers am nächsten Tag?
- ☐ Sie ist noch halb voll.
- ☐ Sie ist schnell leer.
- ☐ Sie ist weg.

b) Kommt Klaus zur Verabredung?
- ☐ Ja.
- ☐ Nein.
- ☐ Er ist schon da.

c) Ist der Erzähler sehr enttäuscht?
- ☐ Ein bisschen.
- ☐ Sehr.
- ☐ Er hat vollstes Verständnis.

d) Was passiert ein paar Wochen später?
- Klaus spielt wieder dasselbe Spiel.
- Klaus schreibt eine Postkarte.
- Klaus entschuldigt sich.

Das rote Auto

Kapitel 1 und 2

A Richtig oder falsch? Markieren Sie: R = richtig, F = falsch

- a) Der Erzähler kommt gerne in das Städtchen, wenn er von der Großstadt genug hat.
- b) Das Städtchen ist eine knappe Stunde von der Großstadt entfernt.
- c) Als der Erzähler das rote Auto sieht, ist viel Verkehr auf der Straße.
- d) Als das rote Auto Richtung Städtchen abbiegt, erinnert sich der Erzähler an seine Studentin Laura.
- e) Er hatte ihr den Vorschlag gemacht, ihm die Seminararbeit persönlich vorbeizubringen.
- f) Er gab seinen Studenten gerne seine Ferienadresse.
- g) Laura brauchte den Schein für ihr Stipendium in Köln.

B Kreuzen Sie das richtige Synonym an.

a) schmal
- klein
- eng
- steil

b) seltsam
- komisch
- fast nie
- klar

c) Scherz
- Lüge
- Klage
- Witz

d) erstaunt
- verwundert
- erleichtert
- angestrengt

e) auf jeden Fall
- ganz sicher
- sehr gerne
- vielleicht

Kapitel 3–7

C Finden Sie das Gegenteil zu folgenden Wörtern und kreuzen Sie an.

a) verschwinden
- aufmachen
- auftauchen
- auflegen

b) erweitern
- verengen
- verlangen
- erheitern

c) eifrig
- geräuschlos
- planlos
- lustlos

d) gefallen
- missfallen
- entfallen
- umfallen

e) selten
   - manchmal
   - häufig
   - fast immer

D Was bedeuten folgende Ausdrücke?

a) etwas versäumen
   - etwas verpassen
   - etwas verlieren
   - etwas vergessen

b) nicht lockerlassen
   - sehr angestrengt sein
   - keine Ahnung haben
   - nicht aufhören

c) ein krönender Abschluss
   - ein langweiliges Ende
   - ein tolles Ende
   - ein schnelles Ende

d) zu tun haben
   - beschäftigt sein
   - erledigt sein
   - vergesslich sein

E Richtig oder falsch? Markieren Sie: R = richtig, F = falsch.

- a) Der Erzähler ist als Dozent an der Uni bei seinen Studenten unbeliebt.
- b) Laura ist im Seminar immer sehr gut vorbereitet.
- c) Der Dozent und seine Studenten gehen ins Kino.
- d) Max Frisch ist der Lieblingsautor des Erzählers.
- e) Der Erzähler ist ein guter Tänzer.
- f) Laura fährt einen roten VW Golf.
- g) Der Erzähler wartet schon seit Jahren auf Lauras Besuch.

Der Taubenfütterer

Kapitel 1 und 2

A Kennen Sie die Bedeutung der folgenden Wörter? Kreuzen Sie bitte an.

a) die Unzahl
- kleine Menge
- große Menge
- gar keine Menge

b) verblüffen
- erstaunen
- erschrecken
- erröten

c) auf dem Laufenden sein
- Jogging machen
- auf der Flucht sein
- informiert sein

d) lauschen
- hören
- sehen
- sprechen

e) prachtvoll
- schwer
- alt
- wunderschön

B Richtig oder falsch? Markieren Sie: R = richtig, F = falsch

a) Der Erzähler hält seine Nachbarn für Brüder.
b) Sie wohnen ein Stockwerk unter ihm.
c) In ihrer Wohnung gibt es gar keine Bücher.
d) Josef, einer der Brüder, sagt manchmal seltsame Sachen.
e) Er leiht dem Erzähler eine Erstausgabe mit Gedichten von Hermann Hesse.
f) Der Erzähler darf die Bücher bis April behalten.

Kapitel 3

C Lesen Sie die Fragen und kreuzen Sie die richtige Antwort an.

a) Wie oft begegnet der Erzähler dem anderen Bruder?
- fast täglich
- fast nie
- regelmäßig

b) Was macht der Bruder frühmorgens immer?
- Hitchcocks Film „Die Vögel" sehen
- Tauben vertreiben
- Tauben füttern

c) Wann merkt der Erzähler, dass der Bruder verrückt ist?
- Als er stundenlang mit den Tauben spricht.
- Als er trockene Wäsche aufhängt.
- Als er sich im Supermarkt als Taube verkleidet.

d) Woran erinnern den Erzähler die aufgehängten Jacketts?
- an Vogelscheuchen
- ans Militär
- an seine Schwiegermutter

Kapitel 4 und 5

D Finden Sie ein Synonym für die folgenden Ausdrücke und kreuzen Sie an.

a) jemandem Bescheid sagen
- jemanden ignorieren
- mit jemandem telefonieren
- jemanden informieren

b) etwas erwähnen
- über etwas sprechen
- etwas verschweigen
- sich etwas einbilden

c) auf diese Weise
- danach
- so
- vielleicht

d) eine Sache erledigen
- etwas fertig machen
- etwas vergessen
- etwas verzögern

E Lesen Sie die Fragen und kreuzen Sie die richtige Antwort an.

a) Was für einen Verdacht hat der Erzähler im letzten Kapitel?
- Josef hat einen kranken Bruder.
- Josef hat zwei Brüder.
- Josef hat gar keinen Bruder.

b) Wie reagieren die Nachbarn, das junge Paar, als der Erzähler von Josef und seinem Bruder spricht?
- Sie wechseln das Thema.
- Sie reden lange miteinander.
- Sie schweigen.

c) Wohin wollte der Erzähler mit seinen Freunden fahren?
- ans Meer
- aufs Land
- in die Berge

d) Wer ist am Ende der Taubenfütterer?
- der Erzähler
- Josef
- Josefs Bruder

Lösungen

Das zweite Mal

A a) Arzt im Praktikum
b) Er macht einen Deutschkurs an der Uni.
c) nach und nach
d) am 19. September
e) das Diplom
f) unfreundlich

B a) das Curriculum
b) auch
c) uninteressiert
d) ohne Mitleid

C a) richtig
b) falsch
c) richtig
d) richtig
e) falsch
f) richtig
g) richtig
h) falsch

D a) etwas respektieren
b) jemanden informieren
c) Anordnungen geben
d) sinnlos sein
e) an etwas viel Freude haben

E a) laufen
b) rennen
c) verstehen
d) aussteigen
e) schlagen
f) biegen
g) springen
h) heben
i) fahren
j) genießen

F a) richtig
b) falsch
c) falsch
d) richtig
e) richtig
f) falsch

G a) überlegen
b) dunkel
c) abwarten
d) notwendig
e) das Chaos

Paris, Gare de l'Est

A a) stehen
b) sehen
c) unterschreiben
d) hochhalten
e) einfallen
f) gehen
g) hinterlassen
h) ziehen
i) sprechen

B a) Er holt Touristen am Flughafen ab und bringt sie zum Hotel-Bus.
b) giftgrün
c) Er will mit einer Freundin ausgehen.
d) Ein Mann spricht ihn auf Deutsch an.

C a) falsch
b) richtig
c) richtig
d) falsch
e) richtig
f) falsch
g) richtig
h) falsch
i) falsch
j) richtig

D a) ungezwungen
b) anstrengend
c) komisch
d) jemanden ignorieren

E a) zum
b) bei
c) in
d) nach
e) am
f) in
g) im
h) zu

F a) etwas unter Kontrolle haben
b) nicht mehr an etwas denken

G a) Sie ist schnell leer.
b) Nein.
c) Ein bisschen.
d) Klaus spielt wieder dasselbe Spiel.

Das rote Auto

A a) richtig
b) falsch
c) falsch
d) richtig
e) richtig
f) falsch
g) falsch

B a) eng
b) komisch
c) Witz
d) verwundert
e) ganz sicher

C a) auftauchen
b) verengen
c) lustlos
d) missfallen
e) häufig

D a) etwas verpassen
b) nicht aufhören
c) ein tolles Ende
d) beschäftigt sein

E a) falsch
b) richtig

c) falsch
d) richtig
e) richtig
f) falsch
g) richtig

Der Taubenfütterer

A a) große Menge
b) erstaunen
c) informiert sein
d) hören
e) wunderschön

B a) richtig
b) falsch
c) falsch
d) richtig
e) richtig
f) falsch

C a) fast nie
b) Tauben füttern
c) Als er trockene Wäsche aufhängt.
d) an Vogelscheuchen

D a) jemanden informieren
b) über etwas sprechen
c) so
d) etwas fertig machen

E a) Josef hat gar keinen Bruder.
b) Sie wechseln das Thema.
c) in die Berge
d) Josef